1 SALAT –
50 DRESSINGS

Würzig, cremig, herrlich frisch

Autorin: Tanja Dusy | Fotos: Anke Schütz

DIE GU-QUALITÄTS-GARANTIE

Wir möchten Ihnen mit den Informationen und Anregungen in diesem Buch das Leben erleichtern und Sie inspirieren, Neues auszuprobieren. Bei jedem unserer Bücher achten wir auf Aktualität und stellen höchste Ansprüche an Inhalt, Optik und Ausstattung. Alle Rezepte und Informationen werden von unseren Autoren gewissenhaft erstellt und von unseren Redakteuren sorgfältig ausgewählt und mehrfach geprüft. Deshalb bieten wir Ihnen eine 100 %ige Qualitätsgarantie.

Darauf können Sie sich verlassen:
Wir legen Wert darauf, dass unsere Kochbücher zuverlässig und inspirierend zugleich sind. Wir garantieren:
• dreifach getestete Rezepte
• sicheres Gelingen durch Schritt-für-Schritt-Anleitungen und viele nützliche Tipps
• eine authentische Rezept-Fotografie

Wir möchten für Sie immer besser werden:
Sollten wir mit diesem Buch Ihre Erwartungen nicht erfüllen, lassen Sie es uns bitte wissen! Nehmen Sie einfach Kontakt zu unserem Leserservice auf. Sie erhalten von uns kostenlos einen Ratgeber zum gleichen oder ähnlichen Thema. Die Kontaktdaten unseres Leserservice finden Sie am Ende dieses Buches.

GRÄFE UND UNZER VERLAG
Der erste Ratgeberverlag – seit 1722.

INHALT

TIPPS UND EXTRAS

10 VINAIGRETTES

SO EIN SALAT!

Mild, würzig oder herb: Hier finden Sie die wichtigsten Salatsorten im Überblick.
Da ist für jedes Dressing in diesem Buch die passende dabei.

KOPF- & EISBERGSALAT

Die zarten Blätter des Kopfsalats schmecken fein und mild, vertragen allerdings keine langen Anmachzeiten und allzu schwere Dressings – sie fallen schnell zusammen. Eisbergsalat ist diesbezüglich robuster und bleibt länger knackig. Er ist zwar frisch im »Biss«, aber eher neutral und leicht wässrig im Geschmack.

BLATTSALATE

Hierzu zählt man eine ganze Salatfamilie, deren Mitglieder alle keinen festen, geschlossenen Kopf bilden, aber sowohl sichtbare als auch geschmackliche Ähnlichkeit zum Kopfsalat besitzen. Batavia ist etwas herzhafter und fester als Kopfsalat. Die grünen oder dunkelbraunen Blätter des Eichblattsalats sind ebenfalls zart und schmecken leicht nach Haselnuss. Lollo rosso oder bionda schmeckt etwas herb und hat schön feste und dekorative Blätter. Knackiger, mit richtig Biss ist der sattgrüne Römersalat (auch Romana oder Lattich genannt), vor allem durch seine festen, leicht herb schmeckenden Blattrippen.

ENDIVIE & FRISÉE

Diese beiden Salate mit dicken, staudigen Blättern sind typische Wintersalate und eng miteinander verwandt. Sie schmecken herb-würzig bis leicht bitter. Der breitblättrige Endiviensalat lässt sich besser lagern als der fein gefiederte, geschmacklich etwas mildere Frisée.

CHICORÉE & RADICCHIO

Beide zeichnen sich durch ihr ausgeprägtes Bitteraroma aus. Dem weißen spitzblättrigen Chicorée wurde sein bitterer Geschmack teilweise »weggezüchtet«. Der weinrote, weiß geäderte Radicchio hat nach wie vor ein herbes, nussiges Bitteraroma. Neben dieser gängigen Zuchtform bekommt man immer häufiger den länglichen, weniger bitteren Treviso-Radicchio mit dicken weißen Blattrippen oder den wesentlich milderen, hellgelb-rot gesprenkelten Radicchio Castelfranco. Toll als Kombi zu beiden Salaten: süß-fruchtiges, wie z.B. Orange, Grapefruit, Granatapfel oder Datteln.

RUCOLA

Unter ihrem italienischen Namen wurde die altbekannte Rauke wieder salonfähig. Herb-würzig, pfeffrig mit leicht säuerlicher Note passen die gefiederten dunkelgrünen Blätter nicht nur zu Tomaten, sondern auch als zusätzliche Würze unter andere Blattsalate. Wer kann, sollte auch die breitblättrige Senf-Rauke probieren, deren Name schon auf ihr besonderes, scharfes Aroma verweist.

FELDSALAT

Typischer Herbst-Winter-Salat mit auffälligem, ganz eigenem, nussigem Aroma, dessen kleine dunkelgrüne Blattbüschel nach dem ersten Frost noch intensiver schmecken. Deshalb verträgt er sich auch gut mit kräftigen Dressings und Früchten wie Äpfeln und Birnen oder Nüssen.

BUNTE SCHÜSSELN

Mit Gemüse, frischen Kräutern und dem passenden Dressing wird Salat noch mal so gut!
Erlaubt und geeignet ist fast alles Grünzeug, das gefällt …

ALTBEKANNTE KLASSIKER
Beliebte Gemüse im Salat sind Tomaten, Gurken, Paprika, Rettich oder Radieschen. Sie schmecken solo oder gemischt mit Blattsalaten, in dünne Scheiben geschnitten oder geraspelt.

ROHKOST VOM FEINSTEN
Lust auf Neues? Fenchel, Möhren, Knollensellerie, Rote Bete, aber auch Pastinaken, Topinambur oder sogar Steckrüben und Kürbis lassen sich geraspelt roh verwenden. Auch die meisten Kohlsorten (z. B. Rot-, Weiß- oder zarter Spitzkohl, aber auch Kohlrabi) schmecken so. Am besten länger im Dressing ziehen lassen und währenddessen ein- bis zweimal durchmengen.

SCHONEND GEGART
Nur wenige Gemüse müssen gegart werden, bevor sie in die Salatschüssel wandern, z. B. grüne Bohnen oder Auberginen. In Olivenöl gebraten sind diese aber der Hit in jedem Sommersalat! Getrocknete Hülsenfrüchte sind gegart ebenfalls perfekte Salatpartner – genauso gut sind bereits gegarte aus der Konserve.

FRISCHES GRÜN
Würzige Blättchen peppen Blattsalate auf. Gartenkresse verleiht ein Quäntchen frische Schärfe. Aber auch junger Spinat, Portulak, Brunnenkresse, Löwenzahn oder Sauerampfer machen den Salat zur Vitaminbombe.

FRISCHE SALATKRÄUTER

Ein kurzer Überblick über die wichtigsten Salatkräuter und ihre liebsten Gemüsepartner erleichtert die Auswahl und macht den Salat noch würziger.

WÜRZALLROUNDER

Schnittlauch schmeckt intensiv würzig und leicht nach Lauch. Immer ideal, wenn weder Zwiebel noch Knoblauch ins Dressing sollen. Petersilie passt in fast jedes Dressing. Glatte Petersilie schmeckt intensiver und würziger als krause Petersilie. Dill bringt Frische in Gurkensalate, Salate mit Fisch oder Dressings mit Milchprodukten.

MEDITERRANE WÜRZE

Scharf-pfeffriges Basilikum passt zu Tomaten und mediterranen Salaten. Nicht hacken, sondern lieber fein schneiden. Estragon schmeckt edel und feinwürzig in Mayonnaise und cremigen Dressings.

EXOTISCHE AROMEN

Koriander (auch arabische Petersilie genannt) verleiht einen Hauch Orient. Die zartgefiederten grünen Blätter haben ein intensiv würziges Aroma. Dazu passt die erfrischende Minze. Beide Kräuter schmecken in Joghurtdressings und Vinaigrettes.

AUS OMAS KRÄUTERGARTEN

Borretsch, das Kraut mit den haarigen Blättern, passt sehr gut zu Gurke, schmeckt aber auch zu Blattsalat. Die feingliedrigen Blätter des Kerbels riechen lieblich und erinnern geschmacklich an Petersilie und Anis. Ruhig verschwenderisch in Frühlingssalaten verteilen! Und Liebstöckel heißt auch »Maggikraut«, schmeckt aber wesentlich besser: nach Sellerie, frisch-würzig und leicht scharf.

KLEINER ESSIG-ÖL-GUIDE

Das Angebot ist riesig: Ein kleiner Überblick hilft Ihnen, sich im unübersichtlichen Essig-und-Öl-Dschungel zurechtzufinden.

Prozent Säure) und neutral ist dagegen asiatischer Reisessig aus Reiswein. Normalerweise wird damit Sushi gesäuert, aber in Fruchtdressings oder Salatsaucen mit asiatischen Aromen passt er perfekt.

OBSTESSIG
Obstessige werden aus Obstweinen, also vergorenen Früchten hergestellt. Sie sind wunderbar mild und fruchtig, ihre Säure liegt meistens bei höchstens fünf Prozent. Apfelessig ist am bekanntesten, er besteht ausschließlich aus Apfelwein und ist gefiltert oder naturtrüb erhältlich. Da die Herstellung vieler Obstweine, wie z. B. Beerenwein, recht aufwendig und teuer ist, werden die meisten Essige auf der Basis von preiswerten Obstessigen wie Birnen- oder Apfelessig oder Weinessig hergestellt. Diesem Grundessig wird Fruchtsaft oder -mark beigemischt (siehe auch Rezepte S. 64).

WEINESSIG
Weißweinessig ist mit sechs Prozent Säure angenehm mild und passt zu den meisten Salaten. Rotweinessig schmeckt aufgrund der in roten Trauben enthaltenen Gerbstoffe oft herber und enthält zum Teil bis zu acht Prozent Säure. Besonders aromatisch sind sortenreine Essige, z. B. solche aus reinen Chardonnay- oder Champagner-Trauben. Oder Sherryessig aus dem gleichnamigen spanischen Likörwein; er ist intensiv-nussig mit sieben bis acht Prozent Säuregehalt. Besonders mild (zwei bis vier

ACETO BALSAMICO
Bei dieser Spezialität aus dem italienischen Modena handelt es sich um eine Mischung aus stark eingekochtem Traubensaft, der mit Weinessig versetzt jahrelang in Eichenfässern reift. Das Original, Aceto balsamico di Modena tradizionale, ist geschützt und kostet ein kleines Vermögen. Bei den preiswerteren Varianten ohne Namenszusatz »tradizionale« sollte man darauf achten, dass der Traubenmostanteil höher als der Essiganteil ist; nur dann schmeckt er typisch süßlich cremig. Zusätzlichen Zucker sollte er aber nicht enthalten.

NEUTRALE ÖLE

Sonnenblumen- und Maiskeimöl sind die neut-
ralste und preiswerteste Grundlage für Dressings
und Mayonnaisen und ideal zur Mischung mit ge-
schmacksintensiven Ölen. Ähnlich verbreitet ist
Rapsöl. Gutes Raps- und Distelöl hat einen leicht
nussigen Geschmack, der bei Ölen minderer Quali-
tät häufig als rau oder sogar ranzig empfunden
wird. Traubenkernöl schmeckt ebenfalls leicht nussig mit einem Hauch von Traubensäure.

AROMATISCHE ÖLE

Am bekanntesten sind Öle aus Walnüssen, Hasel-
nüssen oder Mandeln, die allesamt leicht nussig
schmecken und damit perfekt zu grünen Blattsalaten passen, insbesondere zu Feldsalat. Noch intensiver schmecken diese Öle auf der Basis von ge-
rösteten Nüssen oder Samen – also das Etikett
aufmerksam lesen! All diese Öle sind sehr ge-
schmacksintensiv und sollten sparsam wie ein
»Parfum« oder gemischt mit neutralen Ölen einge-
setzt werden. Dann bleiben auch die wesentlich
teureren Ölspezialitäten aus Nüssen oder Samen
wie Pistazien-, Macadamia- oder Pinienkernöl er-
schwinglich. Probieren Sie auch einmal marokkani-
sches Arganöl aus den mandelartigen Argannüs-
sen, Mohnöl, das mandelwürzige Aprikosenkernöl
(aus den Kernen von Aprikosensteinen) oder das
tiefgrüne extrem aromatische Kürbiskernöl (am
besten aus der Steiermark). Eine ganz besondere
Spezialität: Avocadoöl aus Avocadofruchtfleisch,
das wie Avocados selbst nussig-grasig schmeckt.

OLIVENÖLE

Die Wahl eines Olivenöls ist eine Wissenschaft für
sich. Abhängig von Herstellerland, Region, Oliven-
sorte oder Reifegrad schmeckt es völlig unter-
schiedlich: von sanft, mild und blumig bis hin zu

grasig-grün oder fruchtig – die Beschreibungen
ähneln nicht selten denen von Wein. Bei einfachen
Salatsaucen, die nur aus Essig oder Zitronensaft
und Öl bestehen, lohnt es sich mit verschiedenen
Olivenölen zu experimentieren, um die Ge-
schmacksvielfalt kennenzulernen. Ansonsten
sollte man darauf achten, kein raffiniertes Öl zu
verwenden. Die Bezeichnung »nativ« steht für ein-
faches, kalt gepresstes Olivenöl, das nicht erhitzt
wurde. »Extra nativ« (oder ital. »extra vergine«)
steht für Öl aus erster Kaltpressung.

VINAIGRETTES

Wer hat sie erfunden? Natürlich die Franzosen. Und obwohl die Feinschmeckernation eher für anspruchsvolle Küche steht, gibt es nichts Einfacheres als eine Vinaigrette: Essig, Öl, Salz und Pfeffer sind die simplen Grundzutaten. Aber, oh là là, sie lässt sich immer wieder neu und aufregend variieren!

RADIESCHENVINAIGRETTE

1 Bund Radieschen | ½ grüner Apfel (z. B. Granny Smith) | 1 kleines Bund Schnittlauch | 3 EL Apfelessig | 3 EL Apfelsaft | Salz | Pfeffer | ½ TL Zucker | 1 TL Meerrettich (aus dem Glas) | 5 EL Rapsöl |

Erfrischendes Frühlingsrezept

Für 4 Portionen | 15 Min. Zubereitung | 15 Min. Ziehen
Pro Portion ca. 130 kcal, 1 g EW, 13 g F, 3 g KH

1 Radieschen und Apfel waschen. Radieschen putzen, vom Apfel das Kerngehäuse entfernen. Radieschen und Apfel in möglichst kleine Würfel schneiden. Schnittlauch waschen, trocken schütteln und in feine Röllchen schneiden.

2 Essig, Apfelsaft, Salz, Pfeffer und Zucker mit Meerrettich gründlich verrühren, dann das Öl kräftig unterschlagen. Radieschen- und Apfelwürfel mit den Schnittlauchröllchen unterheben und die Vinaigrette noch 15 Min. ziehen lassen.

PASST ZU
Kopf- oder Römersalat, gemischten Blattsalaten oder Gurkensalat, aber auch hervorragend zu Matjes, Graved Lachs, kaltem Braten oder Tafelspitz.

KRÄUTERVINAIGRETTE

Die Vinaigrette gilt als Königin der Salatsaucen: Fein ausbalanciert zwischen würzig, sauer und ein wenig süß passt sie zu fast jedem Salat.

1 Schalotte
2 EL Weiß- oder Rotweinessig
2 – 3 EL kalte Gemüsebrühe
(nach Belieben)
Salz | Pfeffer
Zucker
1 TL Dijon-Senf
5 EL Olivenöl
2 EL gehackte Kräuter (z. B.
eine Mischung aus Petersilie,
Schnittlauch, Kerbel)

Schlicht und einfach gut

Für 4 Portionen |
15 Min. Zubereitung
Pro Portion ca. 125 kcal,
0 g EW, 13 g F, 1 g KH

1 Schalotte schälen und ganz fein würfeln. Essig und Brühe (wer es weniger sauer mag) mit ½ TL Salz, Pfeffer und ½ TL Zucker verrühren, bis sich Salz und Zucker gelöst haben.

2 Senf unterrühren, bis sich alles cremig verbunden hat – das geht am besten mit einem kleinen Schneebesen. Anschließend das Öl nach und nach kräftig mit dem Schneebesen unterschlagen. Zuletzt Schalotten und Kräuter unterrühren.

TIPP

Klassischerweise wird Vinaigrette ohne Zucker und Brühe, dafür mit mehr Öl (Verhältnis Essig zu Öl 1:3) zubereitet. Ich persönlich schätze die inzwischen fast ebenso beliebte Variante mit vielen Kräutern: Zucker und Brühe gleichen hier perfekt die Säure des Essigs aus, und etwas Brühe anstelle von Öl macht alles ein wenig kalorienärmer. Je nach Rezept – und natürlich auch persönlichem Geschmack – kann man aber den Anteil der Zutaten jedes Mal aufs Neue variieren.

VARIANTE FRENCH DRESSING

In den USA wurde die Vinaigrette zum French Dressing: 1 kleine Knoblauchzehe schälen, durchdrücken und mit 1 frischen Eigelb, 1 TL Dijon-Senf, 60 ml abgekühlter Gemüsebrühe und 2 ½ EL Weißweinessig in ein hohes Mixgefäß geben und mit dem Pürierstab durchmixen. Nach und nach 6 EL Olivenöl zugießen, dabei immer weitermixen, bis aus den Zutaten ein cremiges Dressing entstanden ist. Mit Salz, Pfeffer und ½ – 1 TL Zucker würzen.

NIZZA-SALAT MIT SARDELLENVINAIGRETTE

Wie ein kleiner Frankreichurlaub! Mit meiner zusätzlichen Würze schmeckt
das Dressing im Handumdrehen nach noch mehr Provence.

Für die Vinaigrette:
50 g schwarze Oliven
8 Sardellenfilets
(in Salz eingelegt)
2 EL Kapern
½ Bund krause Petersilie
1 Knoblauchzehe
4 EL Rotweinessig
1 TL Dijon-Senf
1 TL getrocknete
Kräuter der Provence
Salz | Pfeffer | Zucker
8 EL Olivenöl
Für den Salat:
150 g grüne Bohnen
2 Stängel Bohnenkraut
4 Eier
1 gelbe Paprikaschote
4 Tomaten
½ Bio-Salatgurke
1 weiße Zwiebel
1 Römersalat (ca. 150 g)
200 g Thunfisch
(aus der Dose)

Sommerlich und mediterran

Für 4 Portionen |
35 Min. Zubereitung
Pro Portion ca. 415 kcal,
25 g EW, 30 g F, 9 g KH

1 Die Oliven von den Steinen schneiden und grob hacken. Sardellen kalt abbrausen, trocken tupfen und mit den Kapern fein hacken. Petersilie waschen, trocken schütteln und hacken. Knoblauch schälen und durchpressen. Mit Essig, Senf, Kräutern, Salz, Pfeffer und 1 – 2 Prisen Zucker verrühren. Öl unterschlagen. Sardellen, Kapern, Oliven und Petersilie unterrühren, ziehen lassen.

2 Bohnen waschen, putzen und dritteln. Bohnenkraut waschen. Bohnen mit Bohnenkraut in kochendem Salzwasser bei mittlerer Hitze zugedeckt ca. 10 Min. garen. In ein Sieb abgießen, kalt abschrecken und abtropfen lassen. Eier in 10 Min. hart kochen, kalt abschrecken, kurz abkühlen lassen, dann pellen und vierteln.

3 Paprika waschen, halbieren und in dünne Streifen schneiden. Tomaten waschen und achteln, dabei Stielansatz entfernen. Gurke waschen und in Scheiben schneiden. Zwiebel schälen und in Ringe schneiden. Salat putzen, waschen, schleudern. Thunfisch abtropfen lassen und zerzupfen. Zutaten und Vinaigrette mischen.

PASST AUCH ZU

Lollo rosso oder bianco, Tomaten- oder Paprikasalat, weißen Bohnen, Roastbeef oder gegrilltem Thunfisch.

VARIANTE TOMATEN-OLIVEN-VINAIGRETTE

30 g getrocknete, in Öl eingelegte Tomaten, 8 entsteinte schwarze Oliven und 1 EL Kapern fein hacken. 3 EL Aceto balsamico mit Salz, Pfeffer und 1 – 2 Prisen Zucker verrühren. 6 EL Olivenöl und 3 EL Tomateneinlegeöl unterschlagen. Tomaten, Oliven, Kapern und 2 EL in Streifen geschnittenes Basilikum unterrühren.

SPARGELSALAT MIT SPECKVINAIGRETTE

Auf diese Art serviert man in Baden gerne Kartoffelsalat, ich finde diese würzige Vinaigrette zu Spargel aber mindestens genauso gut.

Für den Spargel:
1 kg Spargel
Salz
½ TL Zucker
1 TL Butter
Für die Vinaigrette:
70 g magerer Räucherspeck
1 Schalotte
½ Bund Schnittlauch
4 EL Sonnenblumenöl
3 EL Weißweinessig
2 EL Haselnussöl
Salz | Pfeffer

Deftig, aber fein

Für 4 Portionen |
40 Min. Zubereitung |
15 Min. Ziehen
Pro Portion ca. 235 kcal,
9 g EW, 20 g F, 4 g KH

1 Spargel waschen, schälen, holzige Enden abschneiden. Stangen in mundgerechte Stücke schneiden. In einem Topf reichlich Wasser aufkochen, salzen. Zucker, Butter und Spargel zugeben. Spargel zugedeckt bei mittlerer Hitze 20 – 25 Min. garen, dabei die Spargelspitzen erst nach 5 Min. Kochzeit zugeben. Spargel aus dem Sud heben, 125 ml Sud beiseitestellen. Speck ganz fein würfeln, Schalotte schälen und ebenfalls fein würfeln. Schnittlauch waschen, trocken schütteln und in feine Röllchen schneiden.

2 Speck in 1 EL Sonnenblumenöl bei mittlerer Hitze goldbraun braten. Aus der Pfanne nehmen, im ausgetretenen Fett die Schalotten goldgelb andünsten. Spargelsud dazugießen, aufkochen und vom Herd nehmen. Essig unterrühren und lauwarm abkühlen lassen. Restliches Sonnenblumen- und Haselnussöl unterschlagen. Speck und Schnittlauch einrühren, salzen und pfeffern. Warm mit dem Spargel mischen und 15 Min. ziehen lassen.

PASST AUCH ZU
Feldsalat, Löwenzahn, Brunnenkresse, grünen oder dicken Bohnen, Kartoffelsalat (statt Spargelsud 200 ml Fleischbrühe und die doppelte Speck- und Schalottenmenge verwenden).

VARIANTE KARTOFFELDRESSING
1 Pellkartoffel (ca. 180 g) pellen, würfeln und mit 4 EL Rotweinessig und 180 ml Gemüsebrühe fein pürieren. Mit Salz, Pfeffer und 2 – 3 Prisen Zucker würzen, dann 120 ml Sonnenblumenöl untermixen. 70 g Speckwürfel wie oben beschrieben in 1 EL Sonnenblumenöl braten und mit 2 EL gehackter krauser Petersilie unter das Dressing rühren.

TOMATENVINAIGRETTE

5 reife Tomaten | 1 Zweig Thymian | 1 Schalotte |
1 Knoblauchzehe | 5 EL Olivenöl | Salz | Pfeffer |
2 Stängel Basilikum | 2 EL Rotweinessig |
Zucker

Oh, bella Italia ...

Für 4 Portionen | 20 Min. Zubereitung |
5 Std. Abtropfen
Pro Portion ca. 145 kcal, 1 g EW, 13 g F, 5 g KH

1 Tomaten waschen, 4 grob würfeln. Thymian waschen. Schalotte und Knoblauch schälen und würfeln, dann in 2 EL Öl andünsten. Tomaten und Thymian zugeben, salzen und pfeffern und 8 Min.
offen bei kleiner Hitze köcheln lassen. In einem
Sieb ca. 5 Std. abtropfen lassen, Sud auffangen.

2 Übrige Tomate fein würfeln. Basilikum in Streifen schneiden. Aufgefangenen Sud, Essig und übriges Öl verrühren, mit Salz, Pfeffer und Zucker würzen. Basilikum und Tomaten unterrühren.

PASST ZU
Kopfsalat, Römersalat, Rucola und Mozzarella.

GURKENVINAIGRETTE

1 Salatgurke (ca. 300 g) | 2 TL Aceto balsamico
bianco | 1 TL körniger Senf | 1 TL brauner Zu-
cker | Salz | weißer Pfeffer | 1 Stängel Liebstö-
ckel | 2 TL Pistazienöl | 1 EL gehackte Pistazien

Erfrischend kalorienarm

Für 4 Portionen | 15 Min. Zubereitung |
20 Min. Ziehen
Pro Portion ca. 50 kcal, 1 g EW, 4 g F, 3 g KH

1 Gurke schälen, längs halbieren und entkernen.
Ein Viertel des Fruchtfleischs in kleine Würfel, den
Rest in kleine Stücke schneiden. Essig, Senf, Zu-
cker, Salz und Pfeffer verrühren. Liebstöckel in
Streifen schneiden, mit Essigmischung und Gur-
kenstücken verrühren und 20 Min. ziehen lassen.

2 Alles fein pürieren, eventuell mit Salz und Pfeffer abschmecken, dann das Öl unterschlagen, Gur-
kenwürfelchen und Pistazien unterheben.

PASST ZU
Kopf- oder Römersalat, Tomaten, gegrilltem
oder gebratenem Lachs.

PAPRIKAVINAIGRETTE

2 EL Pinienkerne | je 1 kleine rote und gelbe
Paprikaschote | 4 grüne Oliven ohne Stein |
1 kleine rote Zwiebel | 2 Zweige Thymian |
4 EL Sherryessig | 3 EL frisch gepresster Oran-
gensaft | Salz | Pfeffer | 6 EL Olivenöl

Bunt wie der Sommer

Für 4 Portionen | 15 Min. Zubereitung |
15 Min. Ziehen
Pro Portion ca. 200 kcal, 2 g EW, 20 g F, 4 g KH

1 Pinienkerne in einer Pfanne ohne Fett rösten,
bis sie duften. Paprikaschoten vierteln, putzen und
mit einem Sparschäler dünn schälen. Viertel fein
würfeln. Oliven fein hacken. Zwiebel schälen und
fein würfeln. Thymian waschen, trocken schütteln,
Blättchen abzupfen und fein hacken. Essig mit
Orangensaft verrühren, salzen, pfeffern und das Öl
kräftig unterschlagen. Alle übrigen Zutaten unterrühren, 15 Min. ziehen lassen.

PASST ZU
Frisée- oder Eichblattsalat, Brunnenkresse,
Portulak, Fenchel, grünem Spargel.

FENCHELVINAIGRETTE

150 g Fenchel | 1 Schalotte | 6 schwarze Oliven |
1/3 TL Fenchelsamen | 1 Bio-Orange | 1/2 TL Dijon-
Senf | 3 EL Zitronensaft | 2 EL Weißweinessig |
6 EL Olivenöl | Salz | Pfeffer | Zucker

Würzige Überraschung

Für 4 Portionen | 15 Min. Zubereitung |
30 Min. Ziehen
Pro Portion ca. 180 kcal, 1 g EW, 17 g F, 4 g KH

1 Fenchel putzen (Grün beiseitelegen) und fein
würfeln. Schalotte schälen und fein würfeln. Oliven
vom Stein schneiden und grob hacken. Fenchelsa-
men fein hacken. Von der Orange 1/2 TL Schale abreiben, Saft auspressen. Senf, Zitronensaft,
5 EL Orangensaft, Essig, Orangenschale und Fen-
chelsamen verrühren, das Öl unterschlagen. Oliven und Fenchel unterrühren, mit Salz, Pfeffer und
1 – 2 Prisen Zucker würzen. 30 Min. ziehen lassen.
Fenchelgrün hacken und unterrühren.

PASST ZU
Radicchio, Tomatensalat, Meeresfrüchtesalat,
aber auch zu gegrilltem Fisch.

FELDSALAT MIT KÜRBIS UND LINSENVINAIGRETTE

Wenn sich die Blätter an den Bäumen färben, passt dieser Salat genau:
deftig, kräftig und doch raffiniert, fein und farbenfroh!

Für den Salat:
1 Hokkaido-Kürbis (ca. 700 g)
1 Zweig Rosmarin
1 Knoblauchzehe
2 EL brauner Zucker
4 EL Rotweinessig
6 EL Olivenöl
Salz | Pfeffer
300 g Feldsalat
10 Kirschtomaten
Für die Vinaigrette:
2 Schalotten
6 EL Rapsöl
400 ml Gemüsebrühe
100 g Beluga- oder
Le-Puy-Linsen
2 TL Dijon-Senf
2 TL Honig
4 EL Rotweinessig
Salz | Pfeffer
4 EL Walnussöl
1 Bund krause Petersilie

Herbstlicher Gästeschmaus

Für 4 Portionen |
1 Std. Zubereitung
Pro Portion ca. 535 kcal,
10 g EW, 41 g F, 28 g KH

1 Kürbis halbieren, Fasern und Kerne entfernen (Bild 1), das Fruchtfleisch in ca. 5 mm dicke Scheiben schneiden. Rosmarinblättchen grob hacken, Knoblauch schälen und in Scheibchen schneiden, beides mit Zucker, Essig und Olivenöl in einer Schüssel verrühren. Den Kürbis 20 Min. darin marinieren.

2 Backofen auf 180° vorheizen. Kürbis auf einem mit Backpapier ausgelegten Blech verteilen, salzen, pfeffern und im Ofen (Mitte) ca. 30 Min. garen, dabei ein- bis zweimal wenden. Herausnehmen und lauwarm abkühlen lassen.

3 Inzwischen für die Vinaigrette Schalotten schälen und fein würfeln. 2 EL Rapsöl in einem Topf erhitzen, darin die Schalotten goldgelb andünsten (Bild 2). Brühe zugießen, aufkochen, Linsen zugeben und zugedeckt bei mittlerer Hitze in 25 – 30 Min. nicht zu weich garen. Währenddessen Feldsalat waschen, putzen und trocken schleudern. Tomaten waschen und vierteln.

4 Linsen in ein Sieb abgießen, den Kochsud auffangen (Bild 3). Senf, Honig, Essig und 4 EL Linsensud verrühren, salzen, pfeffern, dann übriges Rapsöl und Walnussöl unterschlagen. Die Petersilie waschen, trocken schütteln, hacken und unter die Vinaigrette heben. Die Vinaigrette mit den Linsen mischen und 15 Min. ziehen lassen. Kürbis, Feldsalat und Tomaten auf Teller verteilen, dann die Vinaigrette darüberlöffeln.

PASST AUCH ZU

Jungem Spinat, Radicchio, Endivien- oder Friséesalat, gedünstetem Blumenkohl oder Knollensellerie, aber auch zu Kasseler, Schinken oder hart gekochten Eiern.

HIMBEERVINAIGRETTE

125 g Himbeeren | 125 ml Gemüsebrühe |
2 EL Himbeeressig | 2 EL Holunderblütensirup |
2 EL Mandelöl (geröstet) | 2 Stängel Estragon |
Salz | schwarzer Pfeffer

Edler Hingucker

Für 4 Portionen | 15 Min. Zubereitung |
30 Min. Ziehen
Pro Portion ca. 105 kcal, 0 g EW, 5 g F, 14 g KH

1 Himbeeren verlesen, vorsichtig waschen und
trocken tupfen. Mit Gemüsebrühe, Essig, Holunderblütensirup und Öl in ein hohes Gefäß geben
und fein pürieren. Wer keine Kerne in der Vinaigrette möchte, kann alles noch durch ein feines Sieb
streichen. Estragon waschen, trocken schütteln,
Blättchen abzupfen und in feine Streifen schneiden. Unter die Vinaigrette rühren, mit Salz und
Pfeffer würzen und 30 Min. ziehen lassen.

PASST ZU
Blattsalaten, vor allem Kopf- oder Römersalat,
Portulak, Rucola, Spinat, grünem Spargel oder
gebratenem oder gegrilltem Hähnchen.

MARACUJAVINAIGRETTE

3 Maracujas | 1 cm Vanilleschote | 1 kleine
grüne Chilischote | 1 EL Weißweinessig | Salz |
Pfeffer | 1 EL Pistazienöl (ersatzweise Man-
delöl) | 3 EL Traubenkernöl | 1 EL gehacktes
Koriandergrün

Fruchtig-säuerlicher Exot

Für 4 Portionen | 15 Min. Zubereitung |
1 Std. Ziehen
Pro Portion ca. 120 kcal, 1 g EW, 10 g F, 4 g KH

1 Maracujas halbieren. Fruchtfleisch herauslösen,
durch ein feines Sieb streichen, Saft auffangen. Ein
Drittel Kerne beiseitestellen, den Rest wegwerfen.

2 Vanilleschote aufschlitzen, Mark herauskratzen.
Chili putzen, entkernen, in feine Streifen schneiden. Maracujasaft mit Vanille, Chili, Essig, Salz und
Pfeffer verrühren. Öl unterschlagen, 1 Std. ziehen
lassen. Koriander und Maracujakerne unterrühren.

PASST ZU
Kopfsalat, Frisée, Batavia, Radicchio oder zu
Garnelen, Lachs oder gegrilltem Hähnchen.

BLUTORANGENVINAIGRETTE

3 – 4 Bio-Blutorangen | 1 Schalotte | 1½ TL eingelegte grüne Pfefferkörner (aus dem Glas) | 1½ EL Orangenmarmelade | 1½ EL Sherryessig | Salz | 4 EL Traubenkernöl

Mit einem Tick Schärfe ...

Für 4 Portionen | 25 Min. Zubereitung
Pro Portion ca. 135 kcal, 1 g EW, 10 g F, 10 g KH

1 Orangen waschen und abtrocknen, von ½ Orange die Schale mit dem Zestenreißer abziehen, alle Orangen auspressen. Schalotte schälen und fein würfeln. 300 ml Orangensaft abmessen und in einem Topf bei mittlerer Hitze einkochen lassen, nach ca. 5 Min. Schalotte und Pfeffer zugeben und alles auf gut die Hälfte einkochen lassen, dabei gegen Ende die Orangenschale zugeben. Leicht abkühlen lassen. Marmelade und Essig unterrühren und salzen. Vollständig auskühlen lassen, dann das Öl kräftig unterschlagen.

PASST ZU

Radicchio, Chicorée, Frisée, Rucola, Feldsalat, Möhren, aber auch zu Entenbrust oder Wild.

MELONENVINAIGRETTE

450 g Galia-Melone (geputzt ca. 300 g) | 1 rote Chilischote | 1 Stück frischer Ingwer (ca. 1 cm) | 2½ EL Reisessig | Salz | 1 TL brauner Zucker | 2 EL Avocado-Öl | 1 EL gehacktes Koriandergrün

Kalorienarmer Sommerliebling

Für 4 Portionen | 15 Min. Zubereitung
Pro Portion ca. 70 kcal, 1 g EW, 5 g F, 6 g KH

1 Die Melone entkernen, schälen und das Fruchtfleisch in Stücke schneiden. Die Chilischote putzen, halbieren und die Kerne entfernen. Die Schote winzig würfeln. Den Ingwer schälen und fein hacken oder in feine Würfel schneiden.

2 Melone, Ingwer, Essig, Salz und Zucker fein pürieren. Anschließend das Öl zugießen und alles cremig aufmixen. Zuletzt Chili und Koriander unterrühren, nochmals abschmecken.

PASST ZU

Kopf-, Eichblatt- oder Eisbergsalat, Gurken, Tomaten, aber auch zu Carpaccio und gegrillten oder gebratenen Garnelen.

CREMIGE DRESSINGS

Üppig, cremig schmiegen sie sich mollig an jedes Salatblättchen und umschmeicheln Rohkost und noch mehr: Dressings mit Joghurt, Sahne, Frischkäse oder auch mal einer selbst gemachten Mayonnaise. Und weil Salat bekanntlich schlank macht, braucht hier auch keiner Kalorien zu zählen …

RANCH DRESSING

80 ml Buttermilch | ½ Knoblauchzehe | 1 TL Dijon-Senf |
125 ml Sonnenblumenöl | 1 EL Weißweinessig | Salz |
Pfeffer | ¾ TL Zucker | 1 Schalotte | 1 Bund gemischte Kräuter
(Petersilie, Schnittlauch, Basilikum, 1–2 Zweige Oregano) |
2 EL Mayonnaise (selbst gemacht, S. 35, oder aus dem Glas)

Klassiker aus den USA

Für 4 Portionen | 10 Min. Zubereitung | 15 Min. Ziehen
Pro Portion ca. 335 kcal, 1 g EW, 35 g F, 2 g KH

1 Buttermilch in einen hohen Rührbecher geben. Knoblauch
schälen, grob hacken und mit dem Senf dazugeben. Mit dem Pürierstab fein zerkleinern. Dann das Öl in dünnem Strahl zugießen, dabei weiterpürieren und den Pürierstab immer wieder von
unten nach oben führen, bis alles leicht cremig wird. Mit Essig,
Salz, Pfeffer und Zucker würzen und nochmals durchmixen.

2 Schalotte schälen und möglichst fein würfeln. Die Kräuter waschen, trocken schütteln und fein hacken. Beides mit der Mayonnaise unter das Dressing rühren und möglichst noch 15 Min.
durchziehen lassen.

PASST ZU
Kopfsalat, Batavia, Eisbergsalat, Blattsalat gemischt mit
Tomaten, Gurken, Paprika, Möhren und Mais; Weißkohl,
aber auch zu gegrilltem Fleisch und Burgern.

RADICCHIO MIT PREISELBEERDRESSING

Feinherber Salat umschmiegt von süßlich-fruchtigem Dressing mit einem Hauch Schärfe – ein gelungener Einstieg in ein herbstliches Menü.

Für den Salat:
1 kleiner Radicchio
1 Stück Knollensellerie
(ca. 150 g)
1 reife, feste Birne
(z. B. Forelle)
3 EL Zitronensaft
Für das Dressing:
150 g saure Sahne
1½ TL Meerrettich
(aus dem Glas)
2 – 3 EL Preiselbeeren
(aus dem Glas)
Salz | Pfeffer
1 EL Apfelessig
1 EL Mandelöl
2 EL Sonnenblumenöl
½ Bund Schnittlauch

Fruchtiger Herbstsalat

Für 4 Portionen |
25 Min. Zubereitung
Pro Portion ca. 175 kcal,
2 g EW, 15 g F, 6 g KH

1 Den Radicchio halbieren, putzen, waschen und den Strunk keilförmig herausschneiden. Die Salathälften längs in feine Streifen schneiden. Den Sellerie schälen und auf der Rohkostreibe in feine Stifte hobeln. Die Birne waschen, längs vierteln, das Kerngehäuse entfernen und die Viertel in dünne Spalten schneiden. Sellerie und Birne getrennt mit etwas Zitronensaft mischen, damit sie nicht braun werden.

2 Für das Dressing saure Sahne, Meerrettich und Preiselbeeren verrühren. Salzen und pfeffern, dann erst Essig und anschließend beide Ölsorten unterschlagen. Den Schnittlauch waschen, trocken schütteln, in Röllchen schneiden und unter das Dressing rühren. Radicchio und Sellerie mischen, mit den Birnenspalten auf Tellern anrichten und das Dressing darübergeben.

PASST AUCH ZU

Chicorée, Feldsalat, Endivien, Möhren, Sellerie, aber auch zu geräuchertem Lachs oder Hackbällchen.

VARIANTE MANDARINEN-CURRY-DRESSING

Für ein Mandarinen-Curry-Dressing 1 Mandarine schälen und in Stückchen schneiden, dabei den Saft auffangen. Den Saft mit dem Saft von 1 Orange bei großer Hitze auf die Hälfte einkochen und abkühlen lassen. 150 g Joghurt mit dem Saft, ½ – 1 TL mildem Currypulver, Salz, Pfeffer und 1 TL Zitronen- oder Orangenmarmelade verrühren. 3 EL Rapsöl unterschlagen, dann die Mandarine einrühren. Nach Belieben 1 EL gehackten Koriander unterrühren.

CAESAR-DRESSING

1 kleine Knoblauchzehe | 2 Sardellenfilets in Öl | 2 frische Eigelb | 1 TL Dijon-Senf | 2 EL Weißweinessig | 1 Spritzer Zitronensaft | 75 ml Gemüsebrühe | 2 EL Crème fraîche | 100 ml Sonnenblumenöl | Salz | Pfeffer | 1 Spritzer Worcestersauce | 3 EL geriebener Parmesan

Amerikanischer Klassiker

Für 4 Portionen | 10 Min. Zubereitung
Pro Portion ca. 320 kcal, 5 g EW, 32 g F, 1 g KH

1 Wichtig: Alle Zutaten sollten Zimmertemperatur haben. Knoblauch schälen und mit Sardellen fein hacken. Beides mit Eigelben, Senf, Essig, Zitronensaft, Brühe und Crème fraîche in einen hohen Rührbecher geben. Pürieren, dabei das Öl zulaufen lassen und den Pürierstab von unten nach oben bewegen. Mit Salz, Pfeffer und Worcestersauce würzen, zum Schluss Parmesan unterrühren.

PASST ZU
Romanasalat mit Croûtons und Parmesanspänen, aber auch zu anderen festen Blattsalaten, kaltem Hühnchen- oder Putenfleisch.

MOZZARELLADRESSING

1 Kugel (Büffel-)Mozzarella | 1 Knoblauchzehe | 100 ml Milch | 1 getrocknete Chilischote | Salz | Pfeffer | 3 EL Olivenöl | 3 Stängel Basilikum | ½ – 1 EL Aceto balsamico bianco

Davon träumen Tomaten

Für 4 Portionen | 15 Min. Zubereitung |
2 Std. Kühlen
Pro Portion ca. 245 kcal, 13 g EW, 21 g F, 2 g KH

1 Mozzarella fein würfeln. Knoblauch schälen, halbieren, mit Milch und Chili in einem Topf 3 Min. köcheln lassen. Vom Herd nehmen, 2 Min. abkühlen lassen. Mozzarella zugeben, weitere 3 Min. ziehen lassen. Chili entfernen. Dressing salzen, pfeffern und mit Öl pürieren. 2 Std. kühlen. Basilikum waschen, trocken schütteln, Blätter in feine Streifen schneiden. Essig zur Mozzarellacreme geben, nochmals kräftig mit dem Pürierstab aufmixen, dann Basilikum unterrühren.

PASST ZU
Kopfsalat, Römersalat, Eichblattsalat, Tomaten und Gurken, aber auch zu Nudelsalaten.

ZIEGENKÄSEDRESSING

100 g cremiger Ziegenfrischkäse | 2 EL saure Sahne | 2 EL Sahne | ½ TL körniger Senf | 1 TL flüssiger Honig | 1½ – 2 EL Weißweinessig | 2 EL Olivenöl | Salz | schwarzer Pfeffer | 2 Stängel Estragon | 1 TL rote Pfefferkörner

Import aus Frankreich

Für 4 Portionen | 10 Min. Zubereitung
Pro Portion ca. 150 kcal, 5 g EW, 13 g F, 3 g KH

1 Frischkäse, saure Sahne, Sahne, Senf und Honig mit Essig und Öl in einen hohen Rührbecher geben und mit dem Pürierstab cremig pürieren. Mit Salz und Pfeffer würzen.

2 Estragon waschen, trocken schütteln, Blättchen abzupfen und fein zerschneiden. Rote Pfefferkörner im Mörser grob zerreiben und mit dem Estragon unter das Dressing rühren.

PASST ZU
Römersalat, Tomaten, gegrilltem Gemüse wie Auberginen oder Zucchini und zu Staudensellerie mit Birnen, Trauben und Nüssen.

ROQUEFORTDRESSING

70 g Roquefort | 1 TL Cognac (nach Belieben) | 75 g Crème fraîche | 5 EL Milch | 1 EL Champagner- oder Weißweinessig | Salz | Pfeffer | 1 Msp. Chilipulver | 1 – 2 Spritzer frisch gepresster Zitronensaft | 6 Walnusskernhälften | 1 EL Schnittlauchröllchen

Kräftig aromatisch

Für 4 Portionen | 10 Min. Zubereitung
Pro Portion ca. 200 kcal, 6 g EW, 18 g F, 2 g KH

1 Käse mit der Gabel zerdrücken. Nach und nach mit Cognac (nach Belieben), Crème fraîche, Milch und Essig mit dem Pürierstab fein pürieren. Mit Salz, Pfeffer, Chilipulver und Zitronensaft würzen.

2 Walnüsse grob hacken und mit dem Schnittlauch unterheben.

PASST ZU
Bitteren oder würzigen Salaten wie Radicchio, Chicorée, Endivie oder Feldsalat (eventuell mit Birnen, Trauben oder Feigen gemischt) oder zu Tomaten und grünen Bohnen.

SALAT-PITAS MIT KRÄUTER-JOGHURT-DRESSING

Hier wird nicht nur der Salat erfrischt: Der sommerliche Veggie-Döner mit Aubergine
überzeugt sicher auch Fleischesser.

Für die Pita:
1 große Aubergine
1 kleine Knoblauchzehe
4 EL Olivenöl
Salz | Pfeffer
1 kleine Salatgurke
3 Tomaten
1 rote Zwiebel
4 kleine Pita-Fladenbrote
(zum Füllen)
Für das Dressing:
1/3 TL Kreuzkümmelsamen
1 Zweig Minze
2 Stängel Dill
3 Stängel Koriandergrün
3 EL Joghurt
1–2 EL Zitronensaft
3 EL Olivenöl

Kleiner Snack auf die Hand

Für 4 Portionen |
20 Min. Zubereitung
Pro Portion ca. 330 kcal,
7 g EW, 18 g F, 32 g KH

1 Aubergine waschen, putzen. Erst längs in 1 cm breite Scheiben, dann in 1 cm breite Streifen und diese in 1 cm große Würfel schneiden (Bild 1). Knoblauch schälen und fein hacken. Öl in einer beschichteten Pfanne erhitzen, darin die Auberginen bei großer Hitze anbraten. Knoblauch zugeben, salzen, pfeffern und alles unter Rühren bei mittlerer Hitze goldbraun braten (Bild 2), herausnehmen. Gurke schälen, längs vierteln und in Stücke schneiden, Tomaten waschen, Stielansatz entfernen und die Tomaten in Stücke schneiden. Zwiebel schälen und in dünne Ringe schneiden.

2 Für das Dressing Kreuzkümmel in einer Pfanne rösten, bis er duftet, herausnehmen, abkühlen lassen und im Mörser grob zerstoßen (Bild 3) oder mit einem Messer grob hacken. Inzwischen Kräuter waschen und trocken schütteln. Blättchen abzupfen und in feine Streifen schneiden bzw. hacken. Joghurt mit Zitronensaft glatt rühren, Kräuter und gut zwei Drittel Kreuzkümmel unterrühren, salzen, pfeffern, das Öl unterrühren.

3 Pitabrote nach Packungsangabe aufbacken. Gurken, Tomaten, Zwiebeln und Auberginen mischen und in die Taschen füllen. Mit Dressing beträufeln, mit übrigem Kreuzkümmel bestreuen.

PASST AUCH ZU
Römersalat, Ofen- oder Grillgemüse, gegrilltem Lammfleisch.

VARIANTE SCHAFSKÄSE-KRÄUTER-DRESSING
100 g Schafskäse (Feta) mit einer Gabel zerbröckeln. Mit 3 EL Joghurt, 3 EL Milch und 2 EL Olivenöl glatt rühren. Mit Salz, Pfeffer und 1–2 Msp. Chilipulver würzen. 4 Stängel Dill und 5 Blätter Borretsch fein hacken und unterrühren.

ZITRONEN-SAHNE-DRESSING

½ Bio-Zitrone | 75 g Sahne | 125 g saure Sahne | Salz | Pfeffer | 1 TL Puderzucker | ½ Bund Kräuter (z. B. reichlich Petersilie, Basilikum, Kerbel, etwas Borretsch, Zitronenmelisse und Estragon; siehe Tipp)

Einfach, mild und wandlungsfähig

Für 4 Portionen | 10 Min. Zubereitung
Pro Portion ca. 130 kcal, 1 g EW, 12 g F, 3 g KH

1 Zitrone heiß waschen, abtrocknen, Schale fein abreiben und Saft auspressen. Sahne und saure Sahne mit 2 EL Zitronensaft und der Zitronenschale glatt verrühren. Mit Salz, Pfeffer, Puderzucker und eventuell nochmals Zitronensaft würzen.

2 Die Kräuter waschen und trocken schütteln. Die Blättchen abzupfen, fein hacken und unter das Dressing rühren.

PASST ZU

Allen milden Blattsalaten, vor allem Kopf- oder Eichblattsalat, Batavia, Lollo rosso und bianco, Chinakohl, aber auch zu Gurken, Möhren und Radieschen (siehe Tipp).

TIPP

Dieses Dressing ist ein echter Verwandlungskünstler. Oft nehme ich nur eine Kräutersorte, z. B. Schnittlauch für einen kräftigeren Geschmack. Statt Zitronensaft- und schale schmecken auch 2 EL Weißwein- oder Hollerblütenessig (selbst gemacht, siehe S. 64, oder gekauft). Wer es »blumiger« mag, verwendet statt Zucker 2 EL Holunderblütensirup: toll zu Frühlingssalaten mit Kopfsalat, Portulak oder Wildkräutern. Zu Gurken ersetze ich Zitronensaft und -schale durch 2 EL Weißweinessig und nehme als Kräuter Dill oder Borretsch.

BUTTERMILCHDRESSING

1 Bund gemischte Kräuter (z. B. Schnittlauch, Petersilie, Dill, Borretsch und Liebstöckel) | 150 ml Buttermilch | 1 TL Dijon-Senf | 2 EL Weißweinessig | 3 EL Olivenöl | Salz | Pfeffer | Zucker

Frühlingsfrischer Allrounder

Für 4 Portionen | 10 Min. Zubereitung | 15 Min. Ziehen
Pro Portion ca. 90 kcal, 2 g EW, 8 g F, 3 g KH

1 Die Kräuter waschen und trocken schütteln, dann die Blättchen abzupfen und grob zerschneiden. Mit der Buttermilch, dem Senf, Essig und Öl in den Blitzhacker geben und gründlich pürieren (oder in einen hohen Rührbecher geben und mit dem Pürierstab pürieren). Mit Salz, Pfeffer und 1–2 Prisen Zucker würzen. Möglichst noch 15 Min. durchziehen lassen.

PASST ZU
Allen milden Blattsalaten wie Kopfsalat, Eichblattsalat, Batavia und Lollo rosso oder bianco, aber auch zu Tomaten, Gurken, gedünstetem Fisch oder als leichtes Dressing für Kartoffelsalat (dann eventuell noch etwas Gemüsebrühe und zusätzlich 3 EL mehr Öl unterrühren und kräftiger würzen).

TIPP
Auch hier kann man die Kräuter ruhig austauschen. Liebstöckel und Borretsch passen besonders gut und geben schöne Frische; allerdings sollte man Liebstöckel im Verhältnis zu den anderen Kräutern sparsam verwenden.

REMOULADENSAUCE

Mit selbst gemachter Mayonnaise schmeckt dieser Klassiker noch mal so gut. Wer es etwas schlanker mag, ersetzt die Hälfte der Mayonnaise durch Joghurt.

1 Ei
1 – 2 Sardellenfilets (in Öl)
2 Gewürzgürkchen
(Cornichons; aus dem Glas)
1 EL Kapern
1 Stängel Estragon
3 Stängel Petersilie
1 kleine Handvoll Kerbel
200 g Mayonnaise (siehe Rezept unten oder aus dem Glas)
1 TL Dijon-Senf
1 – 2 Spritzer Zitronensaft
Salz | Pfeffer
Zucker
1 Msp. edelsüßes
Paprikapulver

Altbeliebter Klassiker

Für 4 Portionen |
20 Min. Zubereitung
Pro Portion ca. 405 kcal,
4 g EW, 40 g F, 5 g KH

1 Das Ei in ca. 10 Min. hart kochen, kalt abschrecken, etwas abkühlen lassen, anschließend pellen und möglichst fein würfeln. Sardellenfilets, Gürkchen und Kapern abtropfen lassen und fein hacken. Kräuter waschen, trocken schütteln, Blättchen abzupfen und fein hacken.

2 Mayonnaise und Senf mit dem Schneebesen glatt verrühren. Die vorbereiteten Zutaten unterheben und mit Zitronensaft, Salz, Pfeffer, 1 – 2 Prisen Zucker und Paprikapulver würzen.

PASST ZU
Gurken, hart gekochten Eiern, kaltem Braten oder Roastbeef, Pell- oder Bratkartoffeln und Backfisch.

VARIANTE MAYONNAISE
Ganz besonders fein schmeckt die Remoulade mit einer selbst gemachten Mayonnaise, die ich am liebsten nach folgendem Rezept zubereite: 2 ganz frische Eigelbe mit 1 EL Dijon-Senf mit dem Schneebesen verrühren. Dann von 180 ml Sonnenblumenöl erst ca. die Hälfte tröpfchenweise mit dem Schneebesen unterschlagen und den Rest im dünnen Strahl dazugießen, dabei so lange weiterschlagen, bis eine dick-cremige, glänzende Masse entstanden ist. Mit Salz, Pfeffer und 1 EL Weißweinessig oder Zitronensaft würzen. Blitzvariante: Eigelbe, Senf und Essig oder Zitronensaft in einen hohen Rührbecher geben, dann das gesamte Öl daraufgießen. Nun den Pürierstab hineinstellen und alles pürieren, dabei den Stab immer wieder von unten nach oben führen, bis die Mayonnaise schön cremig ist. Mit Salz und Pfeffer würzen. (Ergibt ca. 200 g.)

THUNFISCHSAUCE

1 Dose Thunfisch (im eigenen Saft, Abtropfgewicht ca. 185 g) | 3 Sardellenfilets (in Öl) | 2 EL Kapern | 50 ml Weißwein | 100 g Mayonnaise (selbst gemacht, siehe S. 35 oder aus dem Glas) | 60 g saure Sahne | Salz | Pfeffer | 1–2 Spritzer Zitronensaft | ⅓ Bund Petersilie

Italienischer Klassiker

Für 4 Portionen | 15 Min. Zubereitung
Pro Portion ca. 285 kcal, 13 g EW, 24 g F, 2 g KH

1 Den Thunfisch in einem Sieb abtropfen lassen, dann mit einer Gabel grob zerzupfen. Sardellen und Kapern ebenfalls abtropfen lassen. Die Sardellenfilets grob zerschneiden und zusammen mit dem Thunfisch, den Kapern, dem Weißwein und der Hälfte der Mayonnaise in einen hohen Rührbecher geben. Alles mit dem Pürierstab fein pürieren.

2 Anschließend die übrige Mayonnaise mit der sauren Sahne unterrühren oder ganz kurz untermixen. Mit Salz, Pfeffer und Zitronensaft pikant abschmecken. Die Petersilie waschen und trocken schütteln. Die Blättchen abzupfen, fein hacken und ebenfalls unterrühren, bzw. einen Teil davon über das Dressing streuen.

PASST ZU

Römer- oder Kopfsalatherzen, Chicorée oder Radicchio, aber auch zu Pellkartoffeln, heißer Pasta, Eiern, kaltem Kalbs- oder Rinderbraten oder gebratenem, kaltem Hähnchenbrustfilet. Ganz klassisch gehört die Sauce zu gekochtem, hauchdünn aufgeschnittenem Kalbfleisch, besser bekannt als Vitello tonnato.

THOUSAND-ISLAND-DRESSING

1 kleine Zwiebel | je ⅓ kleine rote und grüne Paprikaschote | 1 Gewürzgürkchen (Cornichon) | 100 g Mayonnaise (selbst gemacht, siehe S. 35, oder aus dem Glas) | 4 EL Sahne | 2 EL frisch gepresster Orangensaft | 1 TL Dijon-Senf | 4 EL Ketchup | 1 TL Cognac | Salz | Pfeffer | ⅓ TL edelsüßes Paprikapulver | 2 Msp. Chilipulver

Cremiger Dip

Für 4 Portionen | 20 Min. Zubereitung
Pro Portion ca. 240 kcal, 2 g EW, 23 g F, 5 g KH

1 Zwiebel schälen, Paprika putzen, waschen. Zwiebel, Paprika und Gewürzgürkchen so fein wie möglich würfeln.

2 Mayonnaise mit Sahne, Orangensaft, Senf, Ketchup und Cognac glatt verrühren. Zwiebel, Paprika und Gewürzgurke unterrühren. Mit Salz, Pfeffer, Paprika- und Chilipulver pikant abschmecken.

PASST ZU

Bunten Salaten mit Kopfsalat, Paprika, Tomaten, Gurken und Mais; Eisbergsalat, Möhren, Krabbencocktail oder Hähnchenfleischsalat, aber auch zu gebratenem Hähnchen- oder Putenfleisch und Fisch, zu Burgern oder als Fleischfondue-Dip.

VARIANTE COCKTAILSAUCE

Cocktailsauce ähnelt dem Thousand-Island-Dressing, enthält allerdings keine Zwiebeln, Cornichons und Paprika. Wer will, kann noch mit 1–2 Spritzern Worcester- oder Sojasauce würzen und anstelle der flüssigen Sahne 50 g nicht zu steif geschlagene Sahne unterrühren – so wird die Sauce luftig-schaumig.

MEDITERRANES SOJADRESSING

½ Knoblauchzehe | 50 g Sojadrink | 125 ml Sonnenblumenöl | 1 EL Sojajoghurt | Salz | Pfeffer | 1 Msp. Chilipulver | 6 getrocknete, in Öl eingelegte Tomaten | je 5 grüne mit Mandeln gefüllte Oliven und 5 schwarze Oliven (ohne Stein) | 2 Stängel Basilikum

Mayo für Veganer

Für 4 Portionen | 20 Min. Zubereitung
Pro Portion ca. 385 kcal, 1 g EW, 41 g F, 2 g KH

1 Knoblauch schälen, grob hacken. Mit Sojadrink im hohen Rührbecher fein pürieren. Das Öl im dünnen Strahl zulaufen lassen, dabei weiterpürieren und den Stab immer wieder von unten nach oben bewegen, bis eine cremige Masse entstanden ist.

2 Sojajoghurt unter die Masse rühren und mit Salz, Pfeffer und Chili würzen. Tomaten und Oliven möglichst fein würfeln. Basilikum waschen, trocken schütteln, Blättchen abzupfen und in feine Streifen schneiden. Alles unter die Sojacreme rühren und möglichst noch kurz ziehen lassen.

PASST ZU

Römersalat, Tomaten, Rohkost-Gemüsesticks, gebratenen oder gegrillten Zucchini oder Auberginen, Ofenkartoffeln.

TIPP

Das Ergebnis von Schritt 1 ähnelt in Zubereitung und Geschmack einer Mayonnaise. Den Sojajoghurt kann man weglassen, er macht die »Sojanaise« nur leichter und flüssiger. Die Grundmayo lässt sich ganz nach Belieben würzen (klassisch mit wenig Senf und Zitronensaft oder Essig) oder mit Kräutern oder anderen Zutaten (siehe Remoulade, S. 35) verfeinern.

WASABI-TOFU-DRESSING

150 ml Apfelsaft | 200 g Seidentofu (siehe Tipp) | 1 EL Sojasauce | 1–1½ EL Apfelessig | 1–2 TL Wasabipaste (aus dem Asialaden; siehe Tipp) | Salz | Pfeffer | 3 Frühlingszwiebeln

Veganer Schärfekick

Für 4 Portionen | Zubereitung 15 Min.
Pro Portion ca. 55 kcal, 3 g EW, 2 g F, 7 g KH

1 Den Apfelsaft in einen kleinen Topf geben und bei großer Hitze offen auf gut die Hälfte einkochen lassen. Den eingekochten Saft vom Herd nehmen und etwas abkühlen lassen. Apfelsaft und Seidentofu in einen hohen Rührbecher geben und mit dem Pürierstab fein pürieren.

2 Sojasauce, Essig und Wasabipaste unter das Dressing rühren und mit wenig Salz und Pfeffer würzen. Frühlingszwiebeln waschen, gut trocken schütteln, in möglichst feine Ringe schneiden und unter das Dressing mischen. Kurz ziehen lassen.

PASST ZU
Chinakohl, Möhren, Kohlrabi, Staudensellerie, aber auch zu rohem oder gegartem Fisch.

TIPP
Seidentofu ist weich, cremig-zart und nicht so krümelig-fest wie normaler Tofu. Er eignet sich daher besonders gut für Saucen und Cremes oder Desserts. Man bekommt ihn am besten in Bioläden. Wasabi, den äußerst scharfen japanischen Meerrettich, gibt es als Paste in Tuben oder in Pulverform zu kaufen. Wer nur Pulver bekommt, kann es auch direkt unter das Dressing rühren, sollte aber sparsamer dosieren.

EIER-TOMATEN-DRESSING

2 Eier | 2 Tomaten | 1 Handvoll Kerbel | ½ Bund Schnittlauch | 1 TL Dijon-Senf | 4 EL Weißweinessig | 6 EL Sonnenblumenöl | Salz | Pfeffer

Cremig-üppig

Für 4 Portionen | 20 Min. Zubereitung |
30 Min. Ziehen
Pro Portion ca. 190 kcal, 4 g EW, 18 g F, 2 g KH

1 Die Eier in ca. 10 Min. hart kochen, kalt abschrecken, etwas abkühlen lassen und pellen. Tomaten waschen, quer in ca. 5 mm dicke Scheiben und dann in ca. 5 mm große Würfelchen schneiden, dabei den Saft auffangen. Die Kräuter waschen und trocken schütteln. Kerbel nicht zu fein hacken, den Schnittlauch in Röllchen schneiden.

2 Die Eier halbieren, aus einem Ei das Eigelb herauslösen und mit einer Gabel in einem Schälchen zerdrücken. Mit Senf, Essig und Tomatensaft so lange verrühren, bis sich alles gut verbindet, dann das Öl kräftig unterschlagen und mit Salz und Pfeffer würzen. Das übrige Eigelb und die Eiweiße fein hacken und mit den Tomatenwürfelchen vorsichtig unter das Dressing rühren. Möglichst noch 30 Min. ziehen lassen.

PASST ZU

Kopfsalat, Rucola, Feldsalat, Tomaten- oder Gurkensalat, aber auch zu gedünstetem weißem Spargel, Lauch, Artischocken, hart gekochten Eiern oder kaltem Schweinebraten.

KÜRBISKERNDRESSING

2 Eier | 3 EL Kürbiskerne | 5 Frühlingszwiebeln |
1 EL körniger Senf | 2 EL Weißweinessig |
6 EL Fleischbrühe | Salz | Pfeffer | ½ TL Zucker |
4 EL Rapsöl | 3 EL Kürbiskernöl | ½ Bund Kerbel

Nussig im Geschmack

Für 4 Portionen | 25 Min. Zubereitung
Pro Portion ca. 260 kcal, 7 g EW, 24 g F, 3 g KH

1 Die Eier in ca. 10 Min. hart kochen, dann kalt abschrecken, etwas abkühlen lassen und pellen. Inzwischen die Kürbiskerne in einer kleinen Pfanne
ohne Fett rösten, bis sie duften und sich leicht auf-
blähen. Die Kerne aus der Pfanne nehmen und abkühlen lassen, dann grob hacken.

2 Die Frühlingszwiebeln waschen und putzen.
Das Grün in feine Ringe schneiden, den weißen Teil
längs halbieren oder vierteln und in feine Streifen
schneiden. Die Eier halbieren, die Eigelbe herauslösen und beiseitelegen, die Eiweiße fein hacken.

3 Die Eigelbe mit einer Gabel in einem Schälchen
zerdrücken und gründlich mit Senf verrühren. Jetzt
zuerst Essig, danach die Brühe unterrühren. Mit
Salz, Pfeffer und Zucker würzen. Dann beide Ölsorten kräftig unterschlagen. Die Kürbiskerne und die
weißen Lauchzwiebelstücke unterrühren. Den Kerbel waschen und grob hacken und gut die Hälfte
davon ebenfalls unterrühren. Restlichen Kerbel,
Zwiebelgrün und Eiweiß mischen und über das
Dressing streuen.

PASST ZU
Feldsalat, Kopfsalat, Lollo bianco, Rettich, gedünstetem Sellerie, grünen Bohnen, aber auch
zu Pellkartoffeln, Tafelspitz, Roastbeef oder
gekochtem Schinken.

UNGEWÖHNLICH UND EXOTISCH

Ich mag es, wenn Früchte mal richtig Saures bekommen oder wenn mein Salat sich die Aromen ferner Länder um die Blätter wehen lässt. Lassen Sie sich überraschen von asiatischen Vinaigrettes, süß-scharfer schwedischer Sauce oder kräuterfrischen mediterranen Dressings!

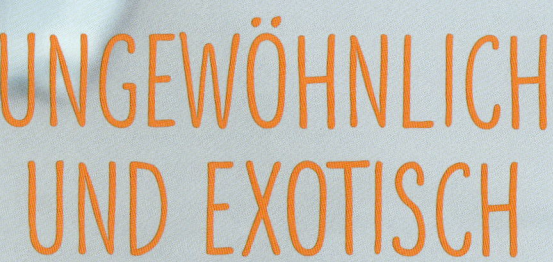

PILZ-WALNUSS-DRESSING

15 g getrocknete Steinpilze | 75 g Champignons | 1 Schalotte | ½ Bund Petersilie | 1 EL Butter | Salz | Pfeffer | 2 EL Cognac (nach Belieben) | 5 Walnusskernhälften | 3 EL Sherryessig | Zucker | 5 EL Sonnenblumenöl | 3 EL Walnussöl

Edles für den Herbstanfang

Für 4 Portionen | 30 Min. Zubereitung
Pro Portion ca. 300 kcal, 4 g EW, 29 g F, 4 g KH

1 Steinpilze in 125 ml kochendem Wasser 15 Min. quellen lassen. Champignons putzen, Schalotte schälen. Beides fein würfeln. Petersilie waschen, trocken schütteln, Blättchen abzupfen und fein hacken. Steinpilze abgießen und ausdrücken, dabei das Einweichwasser auffangen. Pilze fein hacken.

2 Butter in einer beschichteten Pfanne zerlassen, Schalotten goldgelb andünsten. Champignons und Steinpilze zugeben, salzen, pfeffern und unter Rühren bei großer Hitze 3 Min. braten. Mit Cognac (nach Belieben) und 2 – 3 EL Pilzwasser ablöschen. Wenn die Flüssigkeit verdunstet ist, Petersilie unterrühren und kurz mitdünsten. Vom Herd nehmen, abkühlen lassen.

3 Walnüsse hacken und mit der Pilzmasse nicht zu fein pürieren. Essig, Salz, Pfeffer und 1 – 2 Prisen Zucker verrühren, beide Öle unterschlagen und die Walnuss-Pilz-Paste unterrühren.

PASST ZU

Feldsalat, Lollo rosso oder bianco, Frisée, Radicchio, Rucola aber auch Roastbeef oder Carpaccio.

KARTOFFELSALAT MIT CHERMOULA-DRESSING

Ich liebe diese kräutergrüne Würzmischung aus der marokkanischen Küche und dachte:
warum nicht mal als Salatdressing?

Für den Salat:
1,2 kg vorwiegend
festkochende Kartoffeln
Salz
12 schwarze Oliven (am besten getrocknet, ohne Lake)
Für das Dressing:
2 rote Zwiebeln
je 1 Bund Petersilie und
Koriandergrün
125 ml Fleischbrühe
1 Döschen Safranfäden (0,1 g)
1 TL gemahlener Kreuzkümmel
½ TL Kurkumapulver
1 TL edelsüßes Paprikapulver
2 Msp. Chilipulver
Salz | Pfeffer
3 – 4 EL Zitronensaft
5 EL Olivenöl

Orientalisch

Für 4 Portionen |
35 Min. Zubereitung
Pro Portion ca. 360 kcal,
7 g EW, 18 g F, 39 g KH

1 Kartoffeln in kaltem Wasser sauber abbürsten. In ausreichend Salzwasser in 20 – 25 Min. nicht zu weich kochen. Wasser abgießen, Kartoffeln in den Topf geben und auf der ausgeschalteten Platte kurz ausdampfen lassen. Abkühlen lassen, noch warm pellen und in ca. 1 cm dicke Scheiben schneiden.

2 Inzwischen Oliven längs vom Stein, dann in dünne Spalten schneiden. Für das Dressing die Zwiebeln schälen und fein würfeln. Kräuter waschen, gut trocken schütteln und mit den Stielen grob hacken. Brühe in einen Topf geben und einmal aufkochen lassen. Safran und die Gewürze einrühren, 2 Min. leicht köcheln lassen. Zwiebeln zugeben, nochmals aufkochen, dann vom Herd nehmen und 10 Min. ziehen lassen.

3 Kräuter in die Brühe einrühren und mit Salz, Pfeffer und Zitronensaft kräftig würzen. Dann das Olivenöl kräftig unterschlagen. Das Dressing noch warm mit den ebenfalls noch warmen Kartoffeln mischen. Lauwarm oder kalt abkühlen lassen und falls nötig nochmals mit Salz, Pfeffer und Zitronensaft abschmecken.

PASST AUCH ZU

Weißkohl, rohen Roten Beten (grob geraspelt) mit Orangenfilets, Kichererbsen, dicken Bohnen oder Couscous. Bei diesen Salaten allerdings nur 80 ml Brühe verwenden.

SÜSS–SCHARFES MANGODRESSING

1 reife Mango (ca. 350 g) | 1 TL brauner Zucker |
3 EL Weißwein (ersatzweise Wasser) |
2 TL frisch gepresster Limettensaft | 2 TL Sweet-
Chili-Sauce (aus dem Asialaden) | 1 EL Reis-
oder Weißweinessig | Salz | schwarzer Pfeffer |
1 EL gehacktes Koriandergrün (nach Belieben)

Exotisch und kalorienarm

Für 4 Portionen | 15 Min. Zubereitung
Pro Portion ca. 55 kcal, 1 g EW, 0 g F, 11 g KH

1 Die Mango schälen, dann das Fruchtfleisch vom
Kern schneiden und grob würfeln. Den Zucker mit
Wein oder Wasser und Limettensaft in einen hohen
Rührbecher geben und verrühren. Die Mangowür-
fel, Chilisauce und Essig zugeben und alles mit
dem Pürierstab fein pürieren. Mit Salz und Pfeffer
abschmecken und nach Belieben das Koriandergrün unter das Dressing rühren.

PASST ZU

Allen Blattsalaten, besonders zu herben Sorten wie Frisée, Radicchio, Chicorée oder Löwenzahn. Oder auch mal zu Entenbrust, Hähnchen-
brust oder Schweinefilet.

TIPP

Um eine Mango möglichst einfach zu schälen,
gehe ich folgendermaßen vor: Zuerst schneide
ich an beiden Seiten des Steins entlang jeweils
eine Hälfte ab. Das Fruchtfleisch beider Hälften
ritze ich dann diagonal rautenförmig bis zur
Schale ein und stülpe die Schale nach innen
um: So kann man die nach oben stehenden
Fruchtfleischstücke einfach ganz dicht an der
Schale herunterschneiden. Zuletzt löse ich
noch den Streifen Schale um den flachen Stein
und schneide das noch verbliebene Fruchtfleisch rundherum vom Stein ab.

GRANATAPFELDRESSING

1 großer Granatapfel (ca. 450 g) | 1 EL Zucker |
1/5 TL Kreuzkümmelsamen | 2 EL Weißweines-
sig | 3 – 4 EL Zitronensaft | Salz | Pfeffer |
1 – 2 Msp. Harissa (nordafrikanische Chilipaste;
ersatzweise Sambal oelek) | 4 EL Olivenöl |
2 EL Arganöl | 3 Frühlingszwiebeln

Herb-fruchtiger Hingucker

Für 4 Portionen | 20 Min. Zubereitung
Pro Portion ca. 225 kcal, 1 g EW, 16 g F, 19 g KH

1 Den Granatapfel quer halbieren. Aus einer
Hälfte 1 EL schöne Granatapfelkerne herauslösen
und beiseitestellen, dann beide Hälften vorsichtig
mit der Zitruspresse auspressen. (Achtung: Das
spritzt und kann auf hellen Arbeitsplatten Flecken
geben! Wer einen Entsafter hat, kann auch die äu-
ßere dicke Haut von beiden Granatapfelhälften abziehen und die Kerne samt Trennhäuten entsaften,
das geht einfach und schnell.) Es werden insge-
samt 150 ml Saft benötigt.

2 Zucker in einem kleinen Topf hellbraun kara-
mellisieren lassen. Kreuzkümmel und Granatapfel-
saft zugeben und bei großer Hitze unter Rühren auf
die Hälfte einkochen lassen. Essig unterrühren,
vom Herd nehmen und abkühlen lassen.

3 Zitronensaft unter das Dressing rühren und mit
Salz, Pfeffer und Harissa würzen. Dann beide Ölsorten unterschlagen. Frühlingszwiebeln putzen
und in ganz feine Ringe schneiden. Mit den Granat-
apfelkernen unter das Dressing mischen.

PASST ZU

Frisée oder Endivien, Brunnenkresse, Löwenzahn oder Chicorée.

SALAT MIT APRIKOSEN-CRANBERRY-DRESSING

Mich erinnern die aromatischen Gewürze in diesem fruchtigen Dressing an Weihnachten – aber der Salat schmeckt bereits im Herbst.

Für das Dressing:
5 getrocknete Aprikosen
150 ml Apfelsaft
4 Nelken
1 Zimtstange
1 Sternanis
50 g getrocknete Cranberrys
1 EL Aprikosenkonfitüre (ohne Stücke)
1 TL Dijon-Senf
3 EL Rotweinessig
4 EL Sonnenblumenöl
Salz | Pfeffer
Für den Salat:
½ Rotkohl (ca. 500 g)
1 Apfel (z. B. Boskop)
1 EL Zitronensaft
4 Bio-Kumquats

Ein Hauch Advent

Für 4 Portionen |
50 Min. Zubereitung |
2 Std. Marinieren
Pro Portion ca. 235 kcal,
3 g EW, 11 g F, 30 g KH

1 Aprikosen ca. 5 mm groß würfeln. Apfelsaft mit den Gewürzen in einen Topf geben und aufkochen. Aprikosen und Cranberrys zugeben und alles bei kleiner Hitze zugedeckt ca. 8 Min. köcheln lassen. Anschließend lauwarm abkühlen lassen.

2 Rotkohl putzen, waschen, längs halbieren, den Strunk keilförmig herausschneiden. Die Hälften quer in schmale Streifen schneiden oder hobeln. Apfel waschen, vierteln, das Kerngehäuse entfernen. Apfelviertel grob raspeln oder in kleine Stifte schneiden und sofort mit Zitronensaft mischen. Kumquats waschen und quer in dünne Scheiben schneiden, dabei die Kerne entfernen.

3 Zimt, Nelken und Sternanis aus dem Apfelsud entfernen. Sud mit Aprikosenkonfitüre, Senf, Essig und Öl verrühren, salzen und pfeffern. Rotkohl, Apfel, Kumquats und Dressing mischen und 2 Std. ziehen lassen.

PASST AUCH ZU

Radicchio, Schwarzwurzeln oder Steckrüben – dafür Apfelsaft mit den Gewürzen auf die Hälfte einkochen, erst dann die Aprikosen zugeben und wie beschrieben weiterverarbeiten.

VARIANTE CRANBERRYDRESSING

Für ein Cranberrydressing 100 g frische (oder TK-) Cranberrys und 1 Stück (ca. 2 cm) klein gewürfelten, frischen Ingwer mit 125 ml frisch gepresstem Orangensaft und je 4 EL Ahornsirup und Apfelessig ca. 8 Min. bei mittlerer Hitze kochen, bis die Cranberrys weich sind. Abkühlen lassen. Mit 4 EL Olivenöl cremig pürieren, salzen und pfeffern.

GRIECHISCHES ZITRONENDRESSING

1 Bio-Zitrone | 1 TL Pinienkerne | 6 Walnusshälften | 1 Bund Petersilie | 3 Zweige Dill | 1 Zweig Minze | 1 kleine Knoblauchzehe | Salz | Pfeffer | 1 EL (Blüten-)Honig | 6 EL Olivenöl

Wie Sommer am Mittelmeer

Für 4 Portionen | 15 Min. Zubereitung
Pro Portion ca. 210 kcal, 2 g EW, 20 g F, 4 g KH

1 Die Zitrone heiß waschen, abtrocknen und die Schale mit einem Zestenreißer oder der Zitrusreibe abziehen, den Saft auspressen. Pinienkerne und Walnüsse in einer Pfanne ohne Fett rösten, bis sie leicht duften und bräunen, herausnehmen, abkühlen lassen und nicht zu fein hacken.

2 Die Kräuter waschen, trocken schütteln, die Blättchen abzupfen und nicht zu fein hacken. Den Knoblauch schälen, grob zerschneiden, mit etwas Salz bestreuen und mit der flachen Klinge eines großen, schweren Messers fein zermusen. In ein Schälchen geben und mit Zitronensaft und -schale verrühren. Mit Salz und Pfeffer würzen. Dann Honig und Öl kräftig unterschlagen. Die Kräuter und die Nüsse unterheben.

PASST ZU

Kopf- oder Römersalat, Tomaten-Gurken-Salat mit Schafskäse, Weißkohl, aber auch zu gegrilltem Fisch und Lammkoteletts.

SCHWEDISCHES HONIG-SENF-DRESSING

1 frisches Eigelb | 1 ½ EL Dijon-Senf | Salz |
Pfeffer | 1 Msp. Chilipulver | 75 ml Sonnen-
blumenöl | 2 – 3 Zweige Dill | 2 EL süßer Senf |
1 – 2 EL flüssiger Blütenhonig (siehe Tipp) |
1 – 2 Spritzer Zitronensaft

Nordischer Klassiker

Für 4 Portionen | 15 Min. Zubereitung
Pro Portion ca. 215 kcal, 2 g EW, 21 g F, 5 g KH

1 Das Eigelb mit Dijon-Senf in einer Schüssel mit
dem Schneebesen glatt verrühren, mit Salz, Pfeffer
und Chilipulver würzen. Dann das Öl langsam im
dünnen Strahl zugießen, dabei kräftig mit dem
Schneebesen weiterrühren, bis eine glatte, cremige Emulsion entstanden ist.

2 Dill waschen, trocken schütteln, die Spitzen abzupfen und fein hacken. Süßen Senf und Honig unter die Creme rühren und mit Zitronensaft und
eventuell Salz und Pfeffer abschmecken, dann den
Dill vorsichtig unterrühren.

PASST ZU

Ganz klassisch zu Graved Lachs oder geräuchertem Fisch, aber auch zu Feldsalat, Radicchio oder Frisée, zu gegarten Schwarzwurzeln,
Kohlrabi und Blumenkohl.

TIPP

Einzelne Honigsorten können in Geschmack
und Süße sehr stark variieren. Damit die Sauce
nicht unangenehm klebrig-süß schmeckt, am
besten immer erst eine kleine Menge Honig zugeben und gegebenenfalls nach dem Abschmecken noch mehr unterrühren.

ROTE-BETE-APFEL-DRESSING

100 g vorgegarte Rote Bete (vakuumverpackt) | 50 g saurer Apfel (z. B. Granny Smith) | 2 EL Apfelessig | 50 ml Apfelsaft | 50 ml Gemüsebrühe | ½ TL Zucker | 1 gestr. TL Meerrettich (aus dem Glas) | Salz | weißer Pfeffer | 3 EL Sonnenblumenöl | ⅓ Bund Schnittlauch

Herb-fruchtig

Für 4 Portionen | 15 Min. Zubereitung | 15 Min. Ziehen
Pro Portion ca. 95 kcal, 1 g EW, 8 g F, 6 g KH

1 Die Roten Beten grob zerschneiden. Den Apfel schälen, vierteln, das Kerngehäuse entfernen und die Viertel grob würfeln. Beides mit Essig, Apfelsaft, Gemüsebrühe, Zucker und Meerrettich in ein hohes Mixgefäß geben und fein pürieren – das kann eine Weile dauern und spritzen, deshalb am besten ein Tuch über das Mixgefäß legen.

2 Kräftig mit Salz und Pfeffer würzen, dann das Öl ebenfalls mit dem Pürierstab untermixen. Schnittlauch waschen, trocken schütteln, in Röllchen schneiden und unterrühren. Das Dressing 15 Min. ziehen lassen.

PASST ZU
Frisée- oder Endiviensalat und Feldsalat – eventuell serviert mit Apfelspalten, Pellkartoffeln und Matjesfilet.

TIPP
Wenn ich noch Reste von selbst gemachtem Apfelmus habe, verzichte ich bei diesem Dressing auf den Apfel, reduziere den Apfelsaft und püriere die Roten Beten einfach mit meinem Apfelmus (Menge je nach Geschmack). Wer das einmal ausprobieren möchte: Zur Not tut es auch Apfelmus aus dem Glas.

SESAMDRESSING

2 Stängel (Zitronen-)Thymian | 1 kleine Knoblauchzehe | Salz | 3 EL Tahin (Sesammus, siehe Tipp) | 4 EL Joghurt | 5 – 6 EL Zitronensaft | Pfeffer | 1 Msp. Chilipulver

Nussig und orientalisch

Für 4 Portionen | 15 Min. Zubereitung
Pro Portion ca. 60 kcal, 2 g EW, 5 g F, 1 g KH

1 Thymian waschen, trocken schütteln, die Blättchen fein hacken. Den Knoblauch schälen und grob hacken. Die Stücke auf dem Schneidbrett mit etwas Salz bestreuen und mit der flachen Klinge eines breiten Messers fein zermusen.

2 Knoblauchmus mit Tahin, Joghurt, Zitronensaft und 7 – 10 EL Wasser (je nach gewünschter Konsistenz) kräftig verrühren. Mit Salz, Pfeffer und Chilipulver würzen und den Thymian unterrühren.

PASST ZU

Römersalat, Gurken-Tomaten-Salat, Möhren, Orangen-Zwiebel-Salat (dafür einfach die Schale großzügig von den Orangen abschneiden und die Früchte quer in Scheiben schneiden, mit roten Zwiebelringen bestreuen), aber auch zu gegrilltem Lammfleisch oder Falafeln.

TIPP

Tahin oder Tahini ist eine Paste aus fein zerriebenen Sesamsamen, die in der orientalischen Küche weit verbreitet ist. Tahin aus geschälten Samen ist milder, aus ungeschälten Samen schmeckt es kräftig nussig und leicht herb – wobei in diesem Rezept je nach persönlichen Vorlieben beide Sorten gleichermaßen passen. Man bekommt Tahin am besten im Bioladen oder in türkischen Lebensmittelgeschäften. Angebrochen im Kühlschrank aufbewahren.

HÄHNCHENSALAT MIT THAI-DRESSING

Leicht, voller Aromen und ein wenig scharf – das ist für mich Thaiküche.
Diesen Salat serviere ich gerne als Abendessen im Sommer.

Für das Dressing:
2 Stängel Zitronengras
1 Stück Galgant (ca. 2 cm; aus dem Asialaden, ersatzweise frischer Ingwer)
2 kleine rote Chilischoten
2 TL brauner Zucker
6 EL frisch gepresster Limettensaft
4 – 5 EL Fischsauce
2 EL geröstete gesalzene Erdnüsse
2 Stängel Minze (möglichst asiatische)
1 Bund Koriandergrün
Für den Salat:
1 kleine Salatgurke
500 g Hähnchenbrustfilet
1 Knoblauchzehe
Öl zum Braten
Salz | Pfeffer
Kopfsalatblätter zum Anrichten (nach Belieben)

Zitrusfrisch

Für 4 Portionen |
15 Min. Zubereitung
Pro Portion ca. 245 kcal,
29 g EW, 8 g F, 10 g KH

1 Für das Dressing vom Zitronengras die äußersten beiden Blätter, den Strunk und den oberen Teil wegschneiden, es werden nur die unteren zarten 8 – 10 cm benötigt. Diesen Teil längs in ganz schmale Streifen schneiden, dann fein hacken. Galgant schälen und fein hacken. Chilischoten putzen, längs halbieren, Kerne entfernen, die Hälften winzig fein hacken. Zucker mit Limettensaft und Fischsauce verrühren, bis sich der Zucker gelöst hat, dann Chili, Galgant und Zitronengras unterrühren. Erdnüsse grob hacken. Minze und Koriandergrün waschen, trocken schütteln, die Blättchen abzupfen. Minze fein, Koriandergrün grob hacken.

2 Gurke schälen, längs vierteln, die Kerne mit einem Löffel herausschaben. Die Viertel in kleine Würfel schneiden. Hähnchenfleisch in feine Streifen schnetzeln. Knoblauch schälen und fein würfeln. Öl in einer beschichteten Pfanne stark erhitzen. Fleisch mit Knoblauch zugeben und unter Rühren anbraten. Salzen, pfeffern und weiterbraten bis es hell gebräunt ist. Vom Herd nehmen und lauwarm abkühlen lassen.

3 Währenddessen Erdnüsse, Minze und Koriandergrün unter das Dressing rühren und nochmals kurz ziehen lassen. Teller nach Belieben mit Salatblättern auslegen. Gurke, Hähnchenfleisch und Dressing mischen, auf die Teller geben und servieren.

AUSTAUSCHTIPP

Anstelle von Zitronengras schmecken auch 4 in ganz feine Streifen geschnittene Kaffir-Limettenblätter. Wer möchte, kann noch 1 EL gehackte Dillspitzen unterrühren.

KOHLSALAT MIT ERDNUSSDRESSING

1 Schalotte | 1 Knoblauchzehe | 1 EL Sonnenblumenöl | 120 ml Hühner- oder Gemüsebrühe | 50 ml Kokosmilch | 1 EL Erdnussmus (aus dem Glas) | 1 TL Sambal oelek | 1 EL Ketjap manis (indonesische Sojasauce; ersatzweise Sojasauce mit etwas Zucker) | 1–2 TL frisch gepresster Limettensaft | ½ kleiner Weißkohl (ca. 500 g) | 2 dicke Möhren | Salz

Indonesischer Klassiker

Für 4 Portionen | 30 Min. Zubereitung
Pro Portion ca. 90 kcal, 3 g EW, 4 g F, 9 g KH

1 Schalotte und Knoblauch schälen und fein würfeln. Öl erhitzen und beides darin glasig andünsten. Etwas Brühe zugießen und fast vollständig verkochen lassen, dann Kokosmilch, Erdnussmus, Sambal oelek, Ketjap manis und den Großteil der übrigen Brühe zugeben. 3–5 Min. leicht köcheln lassen, dabei gelegentlich umrühren und die restliche Brühe unterrühren. Mit Limettensaft abschmecken. Vom Herd nehmen und abkühlen lassen.

2 Inzwischen den Kohl längs halbieren, Strunk keilförmig herausschneiden. Kohl waschen und längs in feine Streifen schneiden oder hobeln. Möhren in feine Stifte raspeln. In einem großen Topf ausreichend Wasser aufkochen, salzen. Darin den Kohl in 3–5 Min. bissfest garen, dabei nach 2 Min. die Möhren zugeben. Beides in ein Sieb abgießen und kalt abschrecken, gründlich abtropfen lassen und auf Teller verteilen. Die Sauce über das lauwarme oder abgekühlte Gemüse geben.

PASST AUCH ZU

Eisbergsalat, Chinakohl, Gurken, grünen Bohnen und Blumenkohl, aber auch zu asiatisch gewürzten Hähnchenfleischspießen (Saté).

CHINAKOHL MIT KOKOSMILCH-CURRY-DRESSING

200 ml Kokosmilch (aus der Dose) | 2 Kaffir-Limettenblätter | 1 EL Sonnenblumenöl | 1 TL grüne Thai-Currypaste | 2 EL Fischsauce (aus dem Asialaden) | ½ TL brauner Zucker | 1–2 EL frisch gepresster Limettensaft | 1 kleiner Chinakohl | 2 kleine rote Paprikaschoten | 2 EL gehacktes Koriandergrün

Zugleich kokosmild und scharf

Für 4 Portionen | 15 Min. Zubereitung
Pro Portion ca. 60 kcal, 2 g EW, 3 g F, 5 g KH

1 Ungeschüttelte Kokosmilchdose öffnen, den dicken Rahm oben abschöpfen und beiseitestellen. Limettenblätter waschen, die dicke, mittlere Blattrippe längs wegschneiden, die Blatthälften quer in ganz feine Streifen schneiden. Öl und Currypaste in einen kleinen Topf geben. Unter Rühren erhitzen, bis die Currypaste leicht brutzelt. Flüssige Kokos-milch zugießen, Limettenblätter hineingeben und offen bei mittlerer Hitze 3 Min. köcheln lassen. Fischsauce und Zucker zugeben, 1–2 Min. weiter-köcheln lassen, dann vom Herd nehmen. Mit etwas Limettensaft würzen, abkühlen lassen.

2 Inzwischen Chinakohl in Blätter teilen, putzen, waschen und quer in dünne Streifen schneiden. Paprika vierteln, putzen, waschen und ebenfalls in dünne Streifen schneiden. Kokosrahm und Korian-dergrün unter das abgekühlte Dressing rühren und nochmals mit Limettensaft abschmecken, dann mit Chinakohl und Paprika mischen.

PASST AUCH ZU

Möhren, aber auch Glasnudelsalaten, Garnelen oder gegartem Fisch.

ALGEN-ZITRUS-VINAIGRETTE

1 Mandarine | 4 Bio-Kumquats | 2 EL Instant-Algenflocken (s. Tipp) | 2 TL Sesamsamen (möglichst 1 TL schwarzer und 1 TL weißer Sesam) | 2 EL Reisessig | 2 EL frisch gepresster Limettensaft | Salz | Pfeffer | 4 EL Rapsöl

Japanisch inspiriert

Für 4 Portionen | 15 Min. Zubereitung
Pro Portion ca. 125 kcal, 1 g EW, 11 g F, 4 g KH

1 Mandarine halbieren, Saft auspressen. Kumquats waschen, längs halbieren, Kerne und Fruchtfleisch herauslösen, auspressen und den Saft zum Mandarinensaft geben. Schale in feine Würfel schneiden. Algen mit Mandarinensaft und Kumquatschale mischen und 10 Min. ziehen lassen.

2 Inzwischen die Sesamsamen in einer Pfanne ohne Fett rösten, bis sie leicht duften, dann abkühlen lassen. Essig und Limettensaft unter die Algenmischung unterrühren und mit Salz und Pfeffer würzen. Das Öl kräftig unterschlagen, zuletzt die Sesamsamen unterrühren.

PASST ZU
Jungem Spinat, weißem Rettich, Möhren, Sprossen, aber auch zu rohem Fisch (Sashimi).

TIPP
Streufertige Algen gibt es im Bioladen zu kaufen; sie haben den Vorteil, dass sie nicht erst gegart werden müssen. Neben reinen Noriflocken- oder Wakame-Algenstreifen gibt es auch Mischungen (z. B. aus Nori, Meereslattich und Lappentang). Bevorzugen Sie dabei Produkte aus französischem Bio-Anbau, da nicht ausgeschlossen werden kann, dass japanische Erzeugnisse radioaktiv belastet sind.

ASIA-VINAIGRETTE

1 EL Sesamsamen | 1 Bund Schnittlauch |
1 Stück frischer Ingwer (ca. 2 cm) | 1 EL flüssiger
Honig | 1 EL Reisessig | 2 EL Sojasauce |
3 EL frisch gepresster Orangensaft | 2 EL frisch
gepresster Limettensaft | 1½ EL Sweet-Chili-
Sauce (aus dem Asialaden, siehe Tipp) |
3 EL geröstetes Sesamöl | 4 EL Rapsöl

Ungewöhnlich

Für 4 Portionen | 15 Min. Zubereitung |
10 Min. Ziehen
Pro Portion ca. 200 kcal, 1 g EW, 19 g F, 5 g KH

1 Den Sesam in einer kleinen beschichteten
Pfanne ohne Fett rösten, bis er duftet, dann abkühlen lassen. Schnittlauch waschen, trocken schütteln und in Röllchen schneiden. Ingwer schälen
und in möglichst kleine Würfel schneiden. Honig
mit Essig, Sojasauce, Orangen- und Limettensaft
gründlich verrühren. Dann Sweet-Chili-Sauce und
Sesam- und Rapsöl kräftig unterschlagen. Ingwer,
Schnittlauch und Sesam unterrühren und noch
10 Min. ziehen lassen.

PASST ZU

Kopfsalat, Eisbergsalat, Chinakohl oder einer
Mischung aus fein gestiftelten Möhren, Rettich
und Mungbohnensprossen. Oder als Dip zu un-
gegarten Reispapierrollen und frittierten Früh-
lingsrollen oder Rinderfilet in feinen Scheiben
vom heißen Stein.

TIPP

Sweet-Chili-Sauce stammt meist aus Thailand
und wird dort zum Zubereiten und Marinieren
von Hähnchenfleisch, aber auch zum Dippen
verwendet. Wer keine bekommt, nimmt mehr
Honig und eine fein gehackte rote Chilischote.

REGISTER

Damit Sie Rezepte mit bestimmten Zutaten noch schneller finden, sind in diesem Register auch beliebte Zutaten wie **Apfelessig** oder **Walnussöl** alphabetisch eingeordnet und hervorgehoben. Darunter finden Sie die Rezepte Ihrer Wahl.

Projektleitung: Verena Kordick
Lektorat: Margarethe Brunner
Korrektorat: Waltraud Schmidt
Innen- und Umschlaggestaltung: independent Medien-Design, Horst Moser, München
Illustrationen: Julia Hollweck
Herstellung: Sigrid Frank
Satz: Mohn Media
Reproduktion: Mohn Media
Druck und Bindung: Schreckhase, Spangenberg
Syndication: www.jalag-syndication.de

4. Auflage 2015
ISBN 978-3-8338-3775-3

 www.facebook.com/gu.verlag

GRÄFE UND UNZER
Ein Unternehmen der
GANSKE VERLAGSGRUPPE

Die Autorin

Tanja Dusy liebt Salate – wenn sie würzig, frisch und immer wieder abwechslungsreich sind. Die leidenschaftliche Kochbuchredakteurin und -autorin wurde bereits für mehrere ihrer Titel wie Für die Sinne – Indien und Indien Basics prämiert.

Die Fotografin

Anke Schütz arbeitet als freie Fotografin vor den Toren Hamburgs für Verlage und Zeitschriften in den Bereichen Food und Lifestyle. In ihrem Studio setzt sie für uns Kulinarisches mit viel Liebe zum Detail stimmungsvoll in Szene. Zum kreativen Team gehören in langer Zusammenarbeit Diane Dittmer (Foodstyling), Katrin Heinatz (Requisite) und Kirsten Petersen (Assistenz).

Bildnachweis

Titelfoto und alle anderen Fotos: Anke Schütz; Autorenfoto: Monika Schürle, Berlin

Titelrezepte

Thai-Dressing (S. 54), Süß-scharfes Mangodressing (S. 46) und Himbeervinaigrette (S. 22)

Umwelthinweis:

Dieses Buch ist auf PEFC-zertifiziertem Papier aus nachhaltiger Waldwirtschaft gedruckt.

Liebe Leserin, lieber Leser,

haben wir Ihre Erwartungen erfüllt? Sind Sie mit diesem Buch zufrieden? Haben Sie weitere Fragen zu diesem Thema? Wir freuen uns auf Ihre Rückmeldung, auf Lob, Kritik und Anregungen, damit wir für Sie immer besser werden können.

GRÄFE UND UNZER Verlag
Leserservice
Postfach 86 03 13
81630 München
E-Mail:
leserservice@graefe-und-unzer.de

Telefon: 00800 / 72 37 33 33*
Telefax: 00800 / 50 12 05 44*
Mo–Do: 8.00–18.00 Uhr
Fr: 8.00–16.00 Uhr
(gebührenfrei in D, A, CH)*

Ihr GRÄFE UND UNZER Verlag
Der erste Ratgeberverlag – seit 1722.

Backofenhinweis:

Die Backzeiten können je nach Herd variieren. Die Temperaturangaben in unseren Rezepten beziehen sich auf das Backen im Elektroherd mit Ober- und Unterhitze und können bei Gasherden oder Backen mit Umluft abweichen. Details entnehmen Sie bitte Ihrer Gebrauchsanweisung.